Franziska Bilek
Mir gefällt's in München

PIPER-PRÄSENT

Franziska Bilek

Mir gefällt's in München

R. PIPER & CO. VERLAG
MÜNCHEN ZÜRICH

ISBN 3-492-02150-6
Veränderte Neuausgabe

Reproduktion: Chemigraphia Gebr. Czech, München
Satz und Druck: Hieronymus Mühlberger, Augsburg
Printed in Germany

Das Jahr fängt in München
mit dem Fasching an –
man stürzt sich hinein
und hält gußeisern durch
bis zum Aschermittwoch,
wo man seinen leeren
Geldbeutel im Fischbrunnen
vor dem Rathaus
sauber auswäscht . . .

Zeitungsnotiz:
Bereits um 9 Uhr abends mußten die Techniker kalte Luft in den Saal blasen – so heiß ging es her . . .

So ein Faschingsball in München
ist eine große Gaudi.
Zur Zeit des Rock'n Roll
hatte er auch eine sportliche Note.
Ich schau zu –
da sagt einer:
„Magst?"
und zieht mich ins Gewühl . . .

Er fängt mit der Belehrung an:
„Also, es gibt den freien Stil
und den orthodoxen . . ."
und geht zur Praxis über.

Er reißt mich her –

und schmeißt
mich hoch –

läßt mich
über seinen Rücken rollen –

und über
seinen Arm hupfen –

Endlich –
der Erdboden hat mich wieder –
zerzaust und mit
leicht schlingerndem Gang
erreiche ich wieder
meinen Platz . . .

Heute ist der Tanz viel zahmer –
man hält Abstand voneinander,
tritt auf der Stelle,
wackelt mit dem Po
und arbeitet mit den Ellbogen . . .

Der Bedarf an Gaudi
ist gedeckt.
Aber der Münchner
kann sich nicht
so ohne weiteres
auf ein normales
Dasein umstellen –

Die Umgewöhnung
muß langsam,
schrittweise vor sich gehen –
und deshalb folgt die
Starkbierzeit
dem Fasching
auf dem Fuß . . .

Er pilgert
auf den Nockherberg.
Unter dem Motto
„Nur net auslassen!"
probiert der Münchner
seine erste Maß
und findet sie gut.
Alle trinken Bier,
nur ich nicht,
denn ich habs noch nie
probiert.

ich schäme
mich sehr . . .

Die Bedienung
läßt sich erweichen –
heimlich,
damit es niemand merkt,
bringt sie mir
Wasser im „Schtoa“ . . .

(Schtoa = Stein = Maßkrug)

Wenn ein „Nichtbayer“
nach München kommt,
dann findet er,
daß hier alles anders
werden muß,
und die Bayern schaut er
für Nasenbohrer mit Wadlstutzen an . . .

Er nimmt sich vor,
den Laden da
mal ordentlich in Schwung
zu bringen – er gibt an wie
„ne Tüte Mücken“ oder,
wie der Münchner sagt,
wia a „Schteign voll Affn“
(Schteige = Kiepe).

Aber wir Münchner haben
zwei mächtige Verbündete:

den Föhn und das Bier ...

Der Föhn zerbröselt
den Nichtbayern –
jetzt ist es Zeit zum Eingreifen:
Der Münchner führt den Hilflosen
liebreich in einen Biergarten . . .

Dort erholt er sich
und nach der dritten Maß
findet er, daß München
eine feine Stadt ist,
in der man leben kann,
und daß der Föhn
eigentlich ein wunderschöner,
weißblauer Tag ist . . .

Er lernt auch
die wohltuende Wirkung
des Götz-Zitats kennen,
das dem Münchner
in jeder Lage
soviel Erleichterung bringt . . .

Nach der vierten Maß
wird er übermütig
und lernt den schönen Satz
„Um an Zwoaring
an hoibatn Loawitoag
und an broatdätschtn Oachkatzlschwoaf" –
fließend und fast fehlerfrei sprechen . . .

und bekommt das Prädikat „gut“.

Aber es gibt noch eine Prüfung –
wenn er die besteht,
wird er fortan
als Münchner angesehn.

Nach seinem Tod
wird er ausgestopft
und kommt in ein
bayerisches Heimatmuseum.

Diese harte Prüfung
besteht aus einem Satz,
der konjungiert werden muß –
mündlich und schriftlich –
und der auf
nichtbayerisch heißt:

„Wenn ich einen
Schmalzler hätte,
schnupfte ich ihn ...“
(Schmalzler oder Schmai
= Schnupftabak mit
Honig, Schmalz und Glasscherben).

Wann i an Schmai hätt,
na schnupfet i 'n ...
Wann du an Schmai hättst,
na schnupfatstn ...
Wann er an Schmai hätt,
na schnupfatan ...
Wann sie an Schmai hätt,
na schnupfatsn ...
Wann mir an Schmai hätten,
na schnupfat ma 'n ...
Wanns ihr an Schmai hätts,
na schnupfatsn ...
Wann de an Schmai hättn,
na schnupfatnsn ...

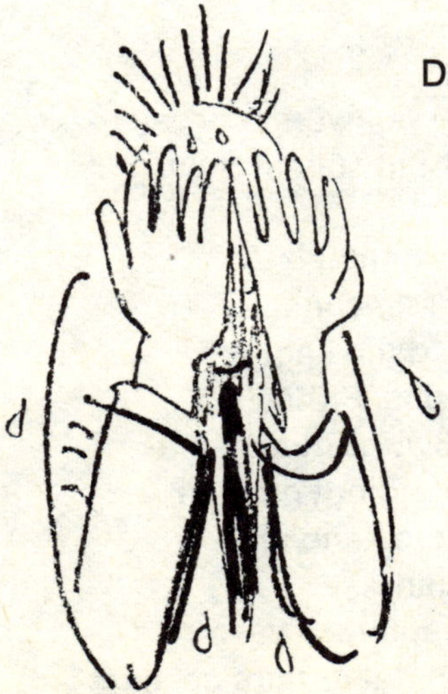

Das
kann
keiner –

der Platz
im Museum

wird leer
bleiben ...

Ich mag Weißwürste
mit süßem Senf.

Einmal schaut mir
ein alter Münchner zu –
dann sagt er:
„Schauns, Fräulein,
a Weißwurscht muß
net unbedingt gfressn
wern, die kann ma
auch ganz
manierlich essn . . .“
Und dann hat er mirs gezeigt.

Zuerst ein kleines Stück abschneiden,

dann
die Gabel
in den Schnitt
stechen –

– dann den „Rücken“
entlang die Haut aufschneiden,
die „nackte“
Wurst
rausdrehn
und in den
süßen Senf
tauchen . . .

Aus Bonn
kommt die Nachricht,
daß man dort
Weißwürste mit Kartoffelpürree
verzehrt!

In München
sind daraufhin
ganze Stammtische
zusammengebrochen.

Der Münchner ist
im allgemeinen gemütlich.

Er hat, wenn man ihn
nicht tratzt,
die sogenannte
„schöne Bierruhe“.

Dafür einige Beispiele:

Ich betrete einen Gemüseladen
und rutsche auf einem
Salatblattl aus.
Etwas lädiert komme ich
wieder hoch:
„Jetzt hätt ich mir glatt
den Schädel einschlagen können!"

Sagt die Ladenbesitzerin
mit schöner Bierruhe:
„Des macht nix –
mir san versichert . . ."

Auf der Straße begrüßt
mich eine Dame mit
einem Hund.
„Grüß Gott,
kennens mi nimma?

Wir sehn uns doch
jeden Donnerstag?!"
Jetzt dämmerts mir –
Donnerstag – Dampfbad –
ganz ohne – aha . . .

Der Hund fletscht die Zähne und knurrt.
Ich ziehe schleunigst
meine kraulende Hand zurück.

Da sagt sie mit schöner Bierruhe:
„Sengs, i wunder' mi scho
die ganze Zeit, daß er Eahna net beißt –
der hat bis jetzt no an jedn bissn . . ."

Der Schriftsteller S.
kommt in München an –
saugrantig – es regnet Schnürl . . .
Da naht sich ihm eine
feine Dame und sagt gemütlich:

„Geh zua, alter Scheißer,
wie wärs mit uns zwoa?"

Der ist grad in
Stimmung:
„Erlauben Sie mal!
Unverschämt!!“
Sie unterbricht ihn:
„Geh, san S' do net so fad –
Sonntag is – koid is –
regna tuats –
i schteh scho drei Stund da –
und nix scheibt si zamm . . .“

Da hat er wieder
lachen müssen.

Beim Müchner Taxifahrer
gehört die schöne Bierruhe
zum Beruf.

Zwei Damen warten
nach dem Theaterbesuch
auf ihr bestelltes Taxi.

Es dauert eine Weile . . .

Die Münchner Männer
scheinen –
je später der Abend,
desto hilfreicher zu sein –

ein Wagen nach dem andern
hält an, der Schlag geht auf,
der Herr wedelt mit der Hand –
und fährt weiter.
Die beiden stehn wie auf Kohlen –
endlich kommt ihr Taxi,
der Fahrer schaut raus und sagt:
„Gell, seids froh,
daß ich da bin –
ab elfe nehma s' a Jede . . .

Auch junge Menschen
zeigen bereits Ansätze
für die schöne Bierruhe.

Einmal, bei Glatteis, rutsch ich aus
und knalle mit dem Po aufs Pflaster.
Vor mir steht
ein Münchner Halbfertigprodukt
und sagt:

„Freilein, jetzt hats Eahna
awa schee highaut!“
Ich krabble hoch und
rutsch wieder aus.
„Freilein, haha,
jetzt sans no amal higfallen . . .“

Ich zieh mich hoch –
bumms – wieder mit dem
Po aufs Pflaster.
„Freilein, jetzt sans awa
scho zum dritten Mal
higfallen ...“.

Jetzt werd ich wütend:

„Du Depp, ich kann schon
selber zähln!“
Da sagt er:
„I geh hoam –
länger kann i net zuschaun“ –
dreht sich um
und rutscht aus . . .

Endlich!!!

In der Umgebung Münchens
kann man viele
Ausflüge machen.
Ich geh am liebsten
in unseren Tierpark Hellabrunn.
Unser Nilpferdehepaar
hat eine Tochter bekommen,
sie kriegt den Namen
Franziska.
Die Taufe mit einer Maß Bier
hat die Mama sehr
übelgenommen.
Inzwischen ist die Kleine
groß und dick geworden
und hat eine gute Partie gemacht.

Sie hat einen Herrn
aus dem Hamburger Zoo
geheiratet und lebt jetzt in Amerika.

Ihre neue Adresse:
Franziska Hippopotamus
Chicago
Brookfieldzoo

Nilpferde haben
sehr unfeine Sitten.
Bei ihnen ist der Größte,
der in einer bestimmten
Zeit die meisten
„größeren Geschäfte“ tätigen kann . . .

Auch die Dame seines Herzens
beglückt er mit einem
Regen von duftenden Grüßen.

Sie fühlt sich dann
sehr geschmeichelt.

Ein verstopfter Galan
hätte nicht die
geringsten Aussichten . . .

Der Direktor von Hellabrunn –
der alte Heck – hatte Geburtstag,
und ich war auch eingeladen.
Im Aquarium standen
ganze Batterien von Schnaps –
aber ich hatte Hunger.
Verzweifelt trank ich ein Gläschen . . .

Und noch eins.
Und nach dem dritten
Gläschen erfüllte ich mir einen
langgehegten Herzenswunsch.

Leise schlich ich
durch die Tür
mit der Aufschrift
„Eintritt verboten“,
suchte nach dem Becken
mit dem Zitteraal

und tauchte den Arm ins Wasser . . .

Ich griff nach dem 1,20 Meter langen,
dicken, braunen Aal,
dem das gut gefiel.
Er rutschte wonnebebend
durch meine Hand und
wir drehten so einige
Runden miteinander.

Plötzlich sah es das Geburtstagskind
und rief nach dem Wärter . . .

Der holte mich raus
und schimpfte:
„Ja, san Sie narrisch??
Des Viech hat 500 Volt,
Sie san von oben
bis unten naß

und schtehn
mit die Füaß im Wasser!!!
Naa, was die Weiba ois
einfallt, bals bsuffa san!!!“

Die Münchner Hunderl
sind ein Kapitel für sich –
allen voran die Dackel.
Da gibt es den „Hofgartensaurier“ –
er ist uralt und nudeldick –
jeden Nachmittag macht er
seine Runde und wackelt
von Baum zu Baum . . .

Aber er hat nicht mehr
den Elan seiner Jugend
und kann die elegante Kurve
mit dem Hinterbein
nicht mehr machen,
weil er sonst umfällt.

Nach dem dritten Baum
schläft er ein . . .

Ein Münchner Dackl
heißt meist Waldi.

Er macht jeden Spaß mit
und im Fasching
geht er in der Tracht
mit Hut und Gamsbart . . .

Er trinkt gern Bier
und ist auch sehr folgsam.

Wenn man ihn ruft:
„Waldi! Gehst her oder net!!“
Dann geht er tatsächlich
her
oder
net . . .

Auch die Tauben gehören
zum Bild der Stadt München.
Sie sind wohlgenährt

und weißeln unermüdlich Kirchen, Denkmäler
und vor allem Wohnhäuser.

Obwohl ihnen die Regierung
von Oberbayern, das Rathaus
und das Finanzamt
herzlich gegönnt wären.

Es ist ein Glück,
daß sie nicht so groß sind
wie ein Pelikan . . .

In München liebt man gutes Essen
und deshalb
muß man was dagegen tun . . .
Man geht ins Dampfbad.
Dort schwitzt man und
redet über drei Themen:
Daß man dauernd zunimmt –
wie man wieder abnimmt –
und daß alles umsonst ist,
weil die Männer jeden Tag
ihr Essen haben wollen,
und dann kann man nicht zuschaun . . .
Eine Nudeldicke tut mir leid
und ich empfehle ihr eine neue Kur . . .

„Was essen S' denn am liebsten?"
„Schweinsbraten mit Kartoffelknödl."
„So? Dann essen S' des vier Wochen lang – früh, mittags und abends – aber ja nix anderes!"

Vier Wochen später –
die Dame sitzt da,

verdoppelt,
und schaut mich böse an.
Sie hat die Kur genau befolgt,
aber immer ein Bierchen
dazu getrunken, damit das
Essen schön rutscht . . .

Ich wohne im Herzen Münchens
in einem Haus mit Simsen,
Giebeln, Säulchen und
altmodischen Fenstern –
davor hab ich meinen „Garten“
mit Geranien, Winden, Tomaten
und Sonnenblumen –

und meine Fenster kann ich
richtig aufmachen und
„Aaaah!“ sagen,

was man bei
den modernen Fenstern nicht tun kann.

Da kann man nur erbittert denken:
„Saufenster, blödes!“

Und wie man
die putzt –
das soll mir ein moderner Architekt sagen.

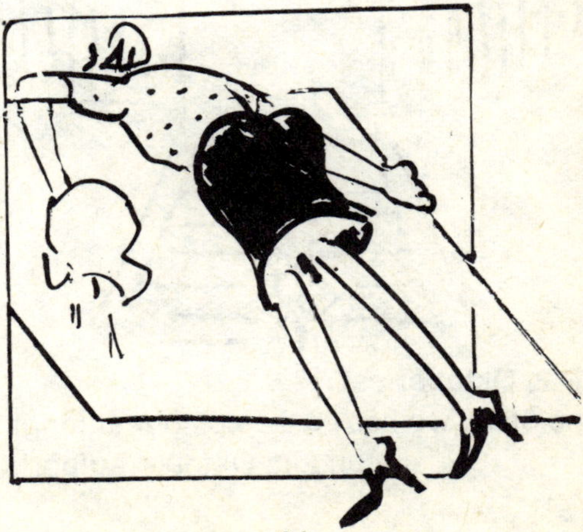

Das Oktoberfest
heißt so, weil es im September anfängt
und im Oktober aufhört.

Jetzt sagt der Münchner:
„Auf gehts!“

Dann gehen alle – und ich
geh mit der Bavaria und
dem Löwen Leo – die beiden
freun sich, denn sie dürfen
immer nur zuschaun –
und das seit 1850.

Auf „Europas größtem Volksfest“ werden über drei Millionen Liter Bier ausgeschenkt – und mit Bier fängt man an, denn man muß sich stärken für das weitere Vorhaben . . .

Zuerst begeben wir uns
auf die Schiffschaukel –
und schon wird dem Leo schlecht.

Wir bewundern
uns im
Spiegelkabinett –

und damit wir Appetit bekommen,
fahren wir ein bißchen Karussell . . .

So ein
liebes,
rundes,
knuspriges
Wiesenhendl
erfreut die Augen und läßt einem
das Wasser im Mund zusammenlaufen –
was natürlich Durst macht.

Und dann gehts erst richtig auf:
Man wagt sich in die Geisterbahn
und gruselt sich.

In der rollenden Tonne
wird man sportlich fit gemacht –
Bier, Brezel und Hendl werden
tüchtig gemischt,
und nachdem man alles
wieder eingesammelt hat –
Handtasche, Geld, Hausschlüssel
und so weiter –

fährt man mit der Achterbahn.

Und nach dem Besuch
von Toboggan, Autoscooter
und „Haut den Lukas“ hat man
genug für seine
körperliche Ertüchtigung
getan und darf sich
endlich ausruhn.

So ein Inferno an Gaudi,
Blechmusik, Bier
und Gesang gibts nur
einmal in der Welt:

In München auf der Wiesn.

In München
gibts viele Festtage –
einer fehlt noch:
„Der Tag des Storches".
Es ist erwiesen, daß die
zwei lustigsten Feste im Jahr –
Fasching und Oktoberfest –
den Klapperstörchen
Hochbetrieb verschaffen.

Für den Sport
tun wir einiges
und auf unser
Olympia-Gelände
sind wir sehr stolz,

zudem
bietet das berühmte Olympia-Zeltdach
so manchem Handwerker eine
sichere Lebensstellung durch
ständige Reparaturen . . .

Zwei typisch oberbayerische
Sportarten
möchten wir olympiareif
machen.
Die eine Sportart ist das
„Schtoahebn"
auf hochdeutsch: Steinheben.

Besagten Stein soll einst
ein bayerischer Herzog
dreißig Meter weit geschmissen haben.
Seine schwächlichen Nachfahren
lüpfen ihn unter Zuhilfenahme
etlicher Maß Bier.

Die zweite Sportart heißt
„Fingerhackln"
und kommt aus der
südlichen Umgebung Münchens.
Man benötigt dazu einen
soliden bayerischen Mittelfinger –
er sollte etwa 10 cm lang sein
und einen Umfang von 12 cm haben.

Ein Körpergewicht
von zwei Zentnern
ist wünschenswert,

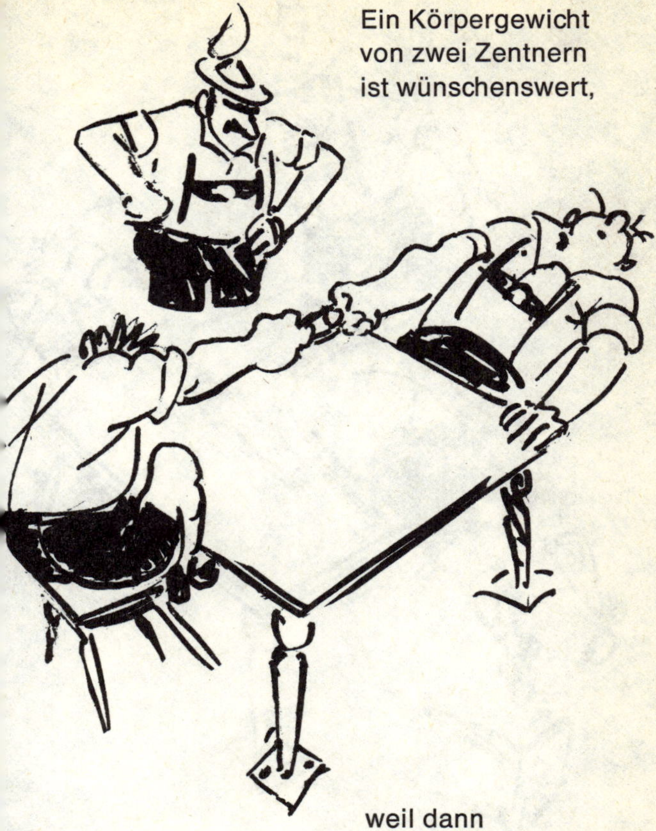

weil dann
der Gegner
mehr zum Ziehen hat.

Die beiden Kontrahenten sitzen
einander gegenüber an
einem Tisch, der am Boden festgenagelt ist.

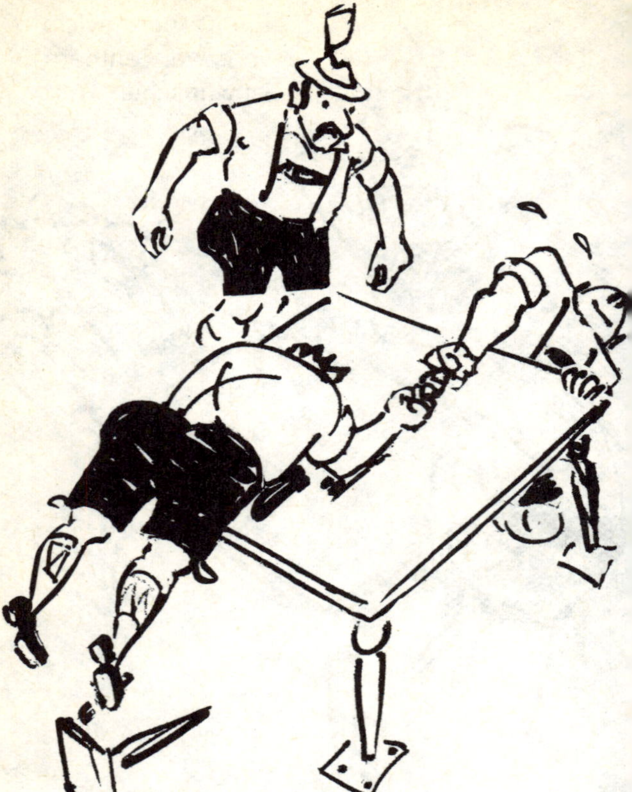

Beide Kämpfer stecken
ihren Mittelfinger
durch einen Lederring –
daran versucht einer den andern
auf seine Seite zu ziehn.

Den Mittelfinger trainiert man,
indem man sich mit ihm
an einem, in die Decke
eingelassenen Ring
etwa zwanzigmal am Tag hochzieht.

Nach dem Kampf schneidet man
die überflüssigen Hautfetzen vom Finger,
labt sich an einer frischen Maß
und an der Bewunderung
der Damen . . .

Auch sonst sind wir sportlich,
und besonders der Fußball ist uns
ein echtes Anliegen.

Ich selbst bin ganz unsportlich,
nur das Schlittschuhlaufen
versuchte ich einmal.
Zuerst zu Hause –
zwischen zwei Stühlen . . .

Dann auf der beliebtesten
Münchner Eisbahn,
im Prinzregentenstadion.

Und dabei half mir Lothar,
der es auch nicht konnte.
Er ging hinter der Umzäunung
und hielt mich bei der Hand.

Das konnte nicht gut gehn . . .

Als ich dann merkte,
daß ich vom Zaun
nicht wegzubringen war
und einige, die Menschenwürde
verletzende

Stellungen eingenommen hatte,
gab ich meine sportliche
Betätigung endgültig auf.

Unser Rathaus am Marienplatz
hat ein Glockenspiel.
Am Vormittag um 11 Uhr sieht man da
tanzende Schäffler
und ein Ritterturnier.
Am Abend um 9 Uhr
tutet ein Nachtwächter
und ein Gockel
kräht.

Da stehn immer viele
Leute und schaun hinauf.

Aber ich habs eilig
und schau nie hinauf.

Ich denk mir,
ich bin Münchnerin –
das Glockenspiel
läuft mir nicht davon.

Und so hab ich es
noch nie gesehn.

Das Zentrum Münchens
ist Fußgängerzone.
Da gehn die Münchner nicht mehr
wie früher schön geordnet –
rechts die Straße rauf – links die Straße runter –,
sondern alle durcheinander.
Und was das heißt, weiß am besten
so ein armes kleines Hunderl –
am Samstag um ½11 Uhr mittags . . .

An warmen Tagen
verwandelt sich
die Fußgängerzone
um die Mittagszeit
vorübergehend
in eine Schlummerzone . . .

Der Advent naht –
der Backterror bricht aus –
nach altem Münchner Brauch –
Lothar flieht . . .

Wenns dämmert,
geh ich auf
den Christkindlmarkt –
ich steh entzückt
vor der glitzernden Pracht
und kauf mir bunte Vogerl
für meinen Weihnachtsbaum.

Die Zeit
zwischen Weihnachten
und Neujahr
ist kurz,
aber anstrengend.

Ich muß schnell
eine Neujahrskarte zeichnen –
100 Glückwünsche zum
neuen Jahr schreiben –
und 100 Briefmarken
abschlecken –

und muß alles aufessen,
was ich vor Weihnachten
gebacken und gebraten habe.

Aber die Rettung naht:
Bald kommt der Fasching
und speckt uns wieder ab.
Und so steht das Jahr wieder am Anfang . . .